Mi biblioteca de ciencias

# El maravilloso ciclo del agua

## Kimberly M. Hutmacher

### Editor del contenido científico:
### Shirley Duke

Rourke
Educational Media

rourkeeducationalmedia.com

*Teacher Notes available at*
**rem4teachers.com**

Science Content Editor: Shirley Duke holds a bachelor's degree in biology and a master's degree in education from Austin College in Sherman, Texas. She taught science in Texas at all levels for twenty-five years before starting to write for children. Her science books include *You Can't Wear These Genes, Infections, Infestations, and Diseases, Enterprise STEM, Forces and Motion at Work, Environmental Disasters,* and *Gases.* She continues writing science books and also works as a science content editor.

© 2015 Rourke Educational Media

All rights reserved. No part of this book may be reproduced or utilized in any form or by any means, electronic or mechanical including photocopying, recording, or by any information storage and retrieval system without permission in writing from the publisher.

www.rourkeeducationalmedia.com

Photo credits: Cover © Anneka, W. Scott, Yuriy Kulyk, 26kot, Matthijs Wetterauw; Pages 2/3 © dpaint; Pages 4/5 © Arvind Balaraman, Willyam Bradberry, Anneka, Rob Marmion, Jorg Hackemann, Len Green; Pages 6/7 © Juriah Mosin, Brenda Carson, Kostyantyn Ivanyshen Pages 8/9 © somchaij, Kameel4u, agoxa, Alex Staroseltsev; Pages 10/11 © Daniel Taeger, paint, MarinaMariya; Pages 12/13 © John Dorado, Blue Door Education; Pages 14/15 © dvande, Patrickma; Pages 16/17 © KIKETXO, africa924; Pages 18/19 © Jan S., ACID RAIN IMAGE; Pages 20/21 © ncn18

Editor: Kelli Hicks

*My Science Library* series produced by Blue Door Publishing, Florida for Rourke Educational Media.
Editorial/Production services in Spanish by Cambridge BrickHouse, Inc.
www.cambridgebh.com

Hutmacher, Kimberly M.
 El maravilloso ciclo del agua / Kimberly M. Hutmacher.
 ISBN 978-1-63155-060-7 (hard cover - Spanish)
 ISBN 978-1-62717-339-1 (soft cover - Spanish)
 ISBN 978-1-62717-549-4 (e-Book - Spanish)
 ISBN 978-1-61810-237-9 (soft cover - English)
 Library of Congress Control Number: 2014941504

Also Available as:

ROURKE'S e-Books

Printed in China, FOFO I - Production Company
  Shenzhen, Guangdong Province

Rourke
Educational Media

rourkeeducationalmedia.com
customerservice@rourkeeducationalmedia.com
PO Box 643328  Vero Beach, Florida 32964

# Contenido

# ¡Agua por todas partes!

¿Qué es el agua? La pregunta debería ser, ¿dónde no está el agua? Tres cuartos de la Tierra están cubiertos de agua. Las personas, las plantas y los animales están formados básicamente por agua y todos los seres vivos la necesitan para sobrevivir.

Usamos agua a diario para beberla, bañarnos y descargar el inodoro. Se usa para limpiar, generar energía, para la **recreación** y para la **agricultura**.

## Agua salada y agua dulce

La mayoría del agua de la Tierra no se puede usar en la vida diaria. Más del 96 por ciento de nuestra agua es salada, y no se puede usar para cocinar o beber.

*El sesenta por ciento del agua dulce del planeta se usa en irrigación. La agricultura no podría proveer alimentos a la población mundial sin los sistemas de irrigación.*

Muchos agricultores obtienen toda el agua que necesitan sus cultivos de la lluvia, pero en zonas más secas, utilizan otras maneras para obtener agua. Usan un proceso llamado **irrigación** para bombear agua desde fuentes, como por ejemplo lagos y ríos, usando zanjas, canales y tuberías.

¿Sabías que cuando tomas un sorbo de agua del bebedero de la escuela o del agua del grifo de tu casa no estás tomando agua nueva? ¡El agua que estás tomando ha estado en la Tierra desde siempre! Toda el agua que tenemos ahora es toda el agua que tuvimos y que tendremos. Nuestra agua viaja a través de un proceso que no cesa llamado: el **ciclo del agua**.

*¡El agua que tomas existe desde el tiempo de los dinosaurios!*

# Agua mágica

El agua es **materia**. La materia es cualquier cosa que tenga masa y que ocupe espacio. Puede ser un sólido, un líquido o un gas. ¿Sabías que el agua puede ser cualquiera de los tres? El agua puede cambiar de forma. No siempre un líquido, puede congelarse y formar hielo o puede hervir y convertirse en un gas.

## Los tres estados de la materia

**sólido**

**líquido**

**gaseoso**

Los charcos de agua se secan en los días calurosos y soleados. ¿El agua de los charcos desaparece? ¡No! El agua **se evapora**. Esto significa que el agua es absorbida por el aire que la rodea. Pequeñas partículas de agua llamadas moléculas están en movimiento y chocan unas con las otras. Algunas de estas partículas salen del líquido y van hacia el aire. Esto forma **vapor de agua**. El añadir calor las hace moverse más rápido. Por eso la evaporación es más rápida en días calurosos.

*Si tienes un pez, probablemente le cambiarás el agua cada semana. Cuando lo haces, seguramente notas que parte del agua que añadiste la semana anterior desapareció. ¿Adónde fue? ¡Correcto! ¡Se evaporó!*

# Formando la lluvia

Cuando el aire cargado de vapor de agua se enfría, el gas cambia a líquido en forma de pequeñas gotas de agua. Esto se llama **condensación**. El agua continúa su condensación formando las nubes en el cielo.

Cuando las nubes se ponen tan grandes y pesadas que el aire ya no puede sostenerlas, el agua cae en forma de **precipitación**, más conocida como lluvia, aguanieve, nieve o granizo.

## Condensación

No tienen que observar nubes lejanas para ver la condensación. Cuando tu vaso con agua se enfría, también se enfría el aire a su alrededor, y las moléculas de agua en este tienen menos energía para moverse. Las moléculas se unen, formando gotitas de agua en el exterior del vaso. Eso se llama condensación.

# El ciclo del agua

El ciclo del agua es el movimiento del agua en, debajo y sobre la Tierra. Tiene cuatro pasos:

**Evaporación**. El Sol calienta el agua de los océanos, ríos y lagos, causando que el agua se convierta en vapor, que suba hacia el aire.

**Condensación**. Una vez en el aire, el vapor de agua se enfría y se hace líquido, formando las nubes.

**Precipitación**. Cuando la condensación es tal que el aire no puede sostener el agua, esta cae de vuelta a la Tierra en forma de lluvia, aguanieve, nieve o granizo.

**Recolección**. El agua cae en océanos, ríos, lagos o puede caer en la tierra. Cuando cae en la tierra se infiltra en el suelo para formar parte de las corrientes subterráneas, o puede correr sobre el suelo hacia los océanos, ríos y lagos. Y el ciclo comienza otra vez.

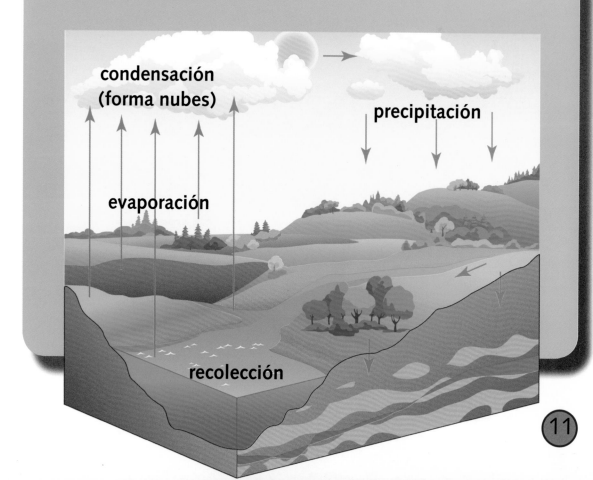

# ¿Qué le pasa al agua de lluvia?

Parte del agua de lluvia se filtra en las rocas y el suelo, bajo tierra. Los **embalses** son lugares artificiales donde se recolecta y almacena el agua para su uso futuro. Parte del agua fluye hacia los ríos y otra parte se almacena en los embalses donde puede ser recirculada para el uso humano.

*El embalse con la mayor capacidad de agua en los Estados Unidos es el lago Mead. Está en la frontera de los estados Nevada y Colorado.*

El agua de los embalses no está limpia. Está llena de fango, sustancias químicas peligrosas, gérmenes y basura. Esta agua debe limpiarse lo suficiente como para que pueda beberse.

Por ese motivo, se bombea hacia una planta purificadora de agua. Allí, máquinas filtran el agua para eliminar la basura sólida y se le añaden sustancias químicas especiales para matar los gérmenes.

## Acuíferos

Un acuífero es un área subterránea de roca saturada por la que circula el agua libremente. Estas rocas pueden ser arenisca, calizas rotas y gravilla. Un hueco, llamado pozo, es perforado en el suelo hasta el acuífero. Entonces el agua del acuífero sube por el hueco o es bombeada afuera para ser usada.

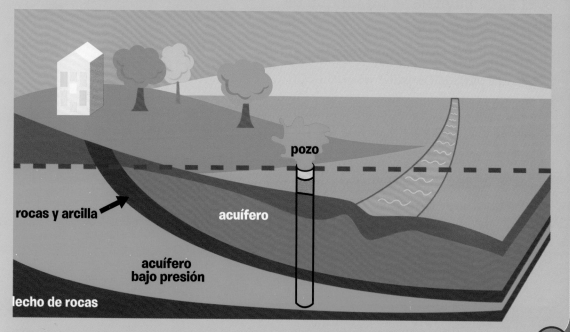

pozo

rocas y arcilla

acuífero

acuífero
bajo presión

lecho de rocas

# ¡Se lo lleva el agua!

Cuando descargas el inodoro o el agua se va por el tragante de tu lavamanos, ya no está limpia. Ahora se llama **agua residual**. El agua residual viaja por un laberinto de tuberías hacia la planta purificadora de agua, para ser tratada y filtrada para hacerla utilizable y potable otra vez.

### Tratamiento de aguas residuales

1. El agua usada por la comunidad se bombea por tuberías y entra al sistema de alcantarillado.
2. El agua entra en cámaras de gravilla donde las partículas grandes se depositan en el fondo.
3. El agua fluye hacia un tanque de reposo primario.
4. Los sólidos son removidos del agua y reprocesados para usarlos como fertilizantes.
5. El agua fluye sobre capas de piedras para ser filtrada.
6. Se le añade sustancias químicas para matar los gérmenes.
7. El agua se oxigena.
8. El agua es tratada una vez más y devuelta a las corrientes y ríos.

Los científicos e inventores trabajan duro para encontrar soluciones de bajo costo para purificar agua en países en vías de desarrollo. Una innovación interesante es un absorbente que purifica el agua antes de que llegue a los labios. Otro es una bicicleta que no solo almacena agua, sino que usa energía cinética para filtrarla.

## Torres de agua

Si vives o has pasado por un pueblo pequeño, probablemente has visto una torre de agua. Una torre de agua es una estructura elevada que almacena el agua a una altura adecuada para su distribución.

*La desinfección solar del agua (DSA) es una forma de tratar el agua contaminada. Usando una botella especial, el agua reposa al sol por seis horas; esto le permite a la radiación matar los gérmenes que causan diarrea.*

# ¡Sequía!

Una sequía es un período largo de tiempo (usualmente meses o años) durante el cual no llueve. La sequía está determinada por la falta de precipitaciones y el cambio en el balance entre el promedio de lluvias y la evaporación. Las sequías pueden provocar daños en los cultivos, escasez de agua, tormentas de polvo e incendios forestales.

*Largos periodos de sequía y evaporación pueden causar que los lagos y ríos se sequen.*

# Sobreviviendo la sequía

Las personas pueden y han sobrevivido las sequías. Barriles especiales se usan para almacenar agua de lluvia. Los sistemas de irrigación se usan para cambiar la dirección del agua para ser usada en cultivos y ganado. Las personas también hacen pozos para encontrar agua subterránea.

*En áreas de muchos países africanos, las personas caminan millas para buscar agua en los pozos.*

# Despilfarro y polución

●○●○●○●○●○●○●○●○●○●○●○●○●○●○●○●○●

Casi siete billones de personas deben compartir el agua de la Tierra para sobrevivir. Muchas personas no tienen acceso al agua potable. Debemos tener cuidado de no despilfarrarla. Cada día, las personas dejan gotear grifos mal cerrados y dejan correr el agua sin necesidad.

*Alrededor de un sexto de la población mundial no tiene acceso al agua limpia y que se pueda beber.*

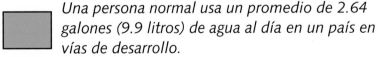
*Una persona normal usa un promedio de 2.64 galones (9.9 litros) de agua al día en un país en vías de desarrollo.*

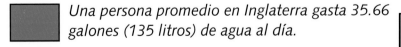
*Una persona promedio en Inglaterra gasta 35.66 galones (135 litros) de agua al día.*

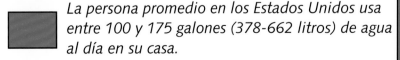
*La persona promedio en los Estados Unidos usa entre 100 y 175 galones (378-662 litros) de agua al día en su casa.*

**Consumo de agua en el mundo**

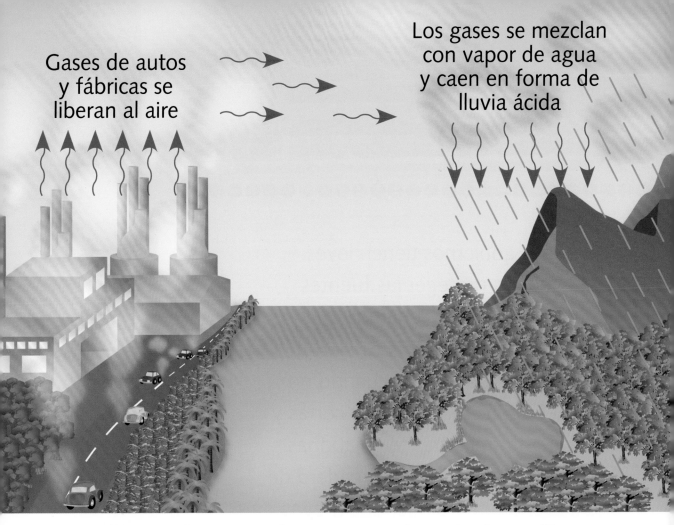

Gases de autos y fábricas se liberan al aire

Los gases se mezclan con vapor de agua y caen en forma de lluvia ácida

*La lluvia ácida intoxica el agua para muchos animales acuáticos. También daña las hojas de los árboles.*

Tenemos que trabajar para mantener nuestras fuentes de agua limpias. Con demasiada frecuencia, personas descuidadas ensucian nuestra agua con contaminantes como envolturas y botellas. Las sustancias químicas presentes en el humo de los autos y fábricas se mezclan con el vapor de agua y causan cada vez más **lluvia ácida** en la Tierra. No podemos dejar que nuestras fuentes de agua se ensucien tanto que las personas y los animales no puedan usarlas o divertirse en ellas.

# Cuidemos nuestra agua

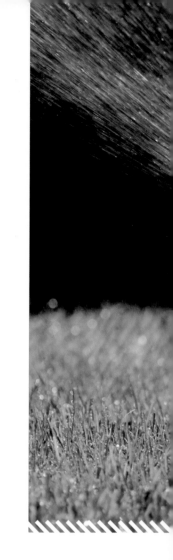

Algunos gobiernos tienen leyes para ayudar a proteger las fuentes de agua, pero todos tenemos que poner de nuestra parte. **Conserva** el agua cerrando el grifo cuando no necesites agua. Toma duchas cortas y cierra el grifo mientras te enjabonas. Mientras friegas, llena el fregadero de agua. Cierra el grifo mientras friegas. No abras el grifo hasta que estés preparado(a) para enjuagar.

La Agencia de Protección del Medio Ambiente de los Estados Unidos (siglas en inglés –EPA) trabaja para que las leyes que protegen de contaminantes a nuestras aguas, aire y suelo, se cumplan.

*Muchas áreas tienen leyes que restringen cuándo o cuánto puede ser regado el césped. Para ahorrar agua, las personas riegan en la mañana, cuando hay menos evaporación.*

## ¡No contamines!

De hecho, puedes ayudar mucho si dedicas un par de horas cada semana a recoger basura en la playa o en el lago.

Es importante que nos preocupemos por mantener limpia el agua y por usarla inteligentemente. Queremos que nuestros recursos limitados de agua sean usados por todos, por siempre.

# Demuestra lo que sabes

1. Menciona tres usos del agua.

2. ¿Cómo cambia el agua de una forma a otra?

3. Explica qué puedes hacer para conservar nuestras fuentes de agua y mantenerlas limpias.

# Glosario

**agricultura**: que tiene que ver con los cultivos

**agua residual**: aguas residuales transportadas para ser purificadas

**ciclo del agua**: los continuos movimientos del agua cuando se evapora hacia las nubes, se condensa y cae en forma de precipitación y se filtra al subsuelo

**condensación**: gotitas de agua que se juntan en el aire debido al enfriamiento

**conservar**: preservar, ahorrar algo para que no se despilfarre

**embalses**: lugares donde se recolecta agua de lluvia para ser usada después

**evaporar**: cambiar a vapor o gas aplicando calor

**irrigación**: llevar agua a lugares mediante zanjas, canales o tuberías

**lluvia ácida**: lluvia formada cuando el humo de las fábricas contamina el aire con sustancias químicas que se mezclan con el vapor de agua y que causan daños al medio ambiente

**materia**: todo lo que tenga masa y ocupe espacio

**moléculas**: unidades pequeñas de la materia

**precipitación**: lluvia, aguanieve, nieve o granizo que cae del cielo

**recreación**: deportes, pasatiempos u otras formas en que se divierte la gente

**vapor de agua**: agua en forma de gas

# Índice

## Sitios de la internet

water.epa.gov/learn/kids/drinkingwater/kids_4-8.cfm

www.sciencenewsforkids.org/2011/06/swirling-seas-of-plastic-trash/

www.kids.nationalgeographic.com/kids/stories/spacescience/
   water-bottle-pollution/

## Sobre la autora

Kimberly M. Hutmacher es autora de 24 libros para niños. Ella ama investigar temas científicos y compartir lo que aprende. También le encanta compartir su amor por la escritura con públicos de todas las edades.

¡Pregúntale a la autora!
www.rem4students.com